AF231631

# CATALOGUE

DE

# TABLEAUX

DES

## PREMIERS ARTISTES MODERNES

PROVENANT

## Du Cabinet de M. ***

PARIS

## MAULDE ET RENOU

IMPRIMEURS DE LA CHAMBRE DES COMMISSAIRES-PRISEURS

Rue de Rivoli, 114.

1854

# CATALOGUE

## DE

# TABLEAUX

### DES

## PREMIERS ARTISTES MODERNES

PROVENANT

### Du Cabinet de M. ***

DONT LA VENTE AUX ENCHÈRES PUBLIQUES AURA LIEU

## HOTEL DES COMMISSAIRES-PRISEURS

## RUE DROUOT, N. 5,

Salle n. 1, au premier,

## Le Mercredi 26 Avril 1854, à 3 heures.

Par le ministère de Me RIDEL, Commissaire-Priseur,
rue Saint-Honoré, 335,

Assisté de M. Francis PETIT, Appréciateur,
boulevart Poissonnière, 21.

### EXPOSITION PUBLIQUE

Le Mardi 25 Avril 1854, veille de la vente, salle des séances,
et le jour de la vente, de midi à trois heures, salle n. 1,

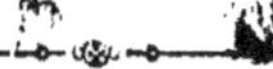

## PARIS

## MAULDE ET RENOU,

IMPRIMEURS DE LA COMPAGNIE DES COMMISSAIRES-PRISEURS,
rue de Rivoli, 114.

## 1854

# CONDITIONS DE LA VENTE.

Elle sera faite au comptant.

Les adjudicataires paieront 5 centimes par franc en sus des enchères applicables aux frais.

# DÉSIGNATION

# DES TABLEAUX

## CABAT.

1 — Paysage, la Mare.

Toile. — Haut. 24 c. Larg. 32 c.

## CABAT.

2 — Paysage et animaux.

Toile. — Haut. 16 c. Larg. 22 c.

## COUTURE.

3 — Tête de jeune fille.

Toile. — Haut. 55 c. Larg. 47 c.

## DECAMPS.

4 — Repos en Égypte.

Toile. — Haut. 52 c. Larg. 40 c.

## DECAMPS.

5 — Ruines, paysage d'Italie.

Bois. — Haut. 25 c. Larg. 25 c.

## DECAMPS.

6 — Femme revenant de la fontaine.

Toile. — Haut. 32 c. Larg. 25 c.

***

## DECAMPS.

7 — Grec pillard.

***

## DECAMPS.

8 — Chasseurs.

## DUPRÉ (Jules).

9 — Paysage, le Pont.

Toile. — Haut. 49 c. Larg. 64 c.

---

## DUPRÉ (Jules).

10 — Chasse au marais, soleil couchant.

Toile. — Haut. 40 c. Larg. 56 c.

---

## DUPRÉ (Jules).

11 — Lisière de Forêt.

Toile. — Haut. 50 c. Larg. 44 c.

## DIAZ.

12 — Repentir.

Toile. — Haut. 32 c. Larg. 25 c.

## DIAZ.

13 — Habitation turque.

Toile. — Haut. 31 c. Larg. 45 c.

## DIAZ.

14 — Paysage de Fontainebleau.

Toile. — Haut. 43 c. Larg. 57 c.

# GUILLEMIN.

15 — Scène bretonne.

Bois. — Haut. 47 c. Larg. 38 c.

***

# BARON GROS et DEBAY.

16 — Les Pestiférés de Jaffa.

Toile. — Haut. 1 m. 20 c. Larg. 1 m. 69 c.

***

# HOGUET.

17 — Plage et bateaux.

Toile. — Haut. 33 c. Larg. 44 c.

— 9 —

## HOGUET.

18 — Marine.

Bois. — Haut. 20 c. Larg. 28 c.

❮❮❮❮❮❮❮❮❮❮❮❮❮❮❮

## ISABEY (Eug.).

19 — L'Alchimiste.

Toile. — Haut. 00 c. Larg. 00 c.

❮❮❮❮❮❮❮❮❮❮❮❮❮❮❮

## ISABEY (Eug.).

20 — Promenade au parc.

Toile. — Haut. 30 c. Larg. 28 c.

## JACQUE.

**21 — Basse-cour.**

Bois ovale. — Haut. 21 c. Larg. 25 c.

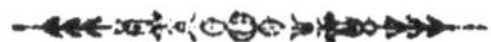

## ROQUEPLAN.

**22 — Femme des Pyrénées.**

Bois. — Haut. 26 c. Larg. 21 c.

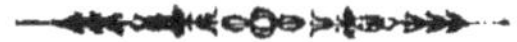

## ROQUEPLAN.

**23 — Distraction.**

Bois. — Haut. 22 c. Larg. 16 c.

# ROQUEPLAN.

24 — Campagne de Rome.

Bois. — Haut. 19 c. Larg. 24 c.

# ROUSSEAU (Théodore).

25 — Paysage, effet du matin.

Bois. — Haut. 51 c. Larg. 72 c.

# TASSAERT.

26 — Le Dénicheur d'oiseaux.

Toile. — Haut. 56 c. Larg. 46 c.

## TROYON.

27 — Animaux dans une prairie.

Bois. — Haut. 54 c. Larg. 45 c.

## ZIEM.

28 — Venise: la place Saint-Marc, le Grand Canal.

Toile. — Haut. 52 c. Larg. 71 c.

Imp. MAULDE et RENOU.     1841